Un instant....
Un instant rien que pour toi....

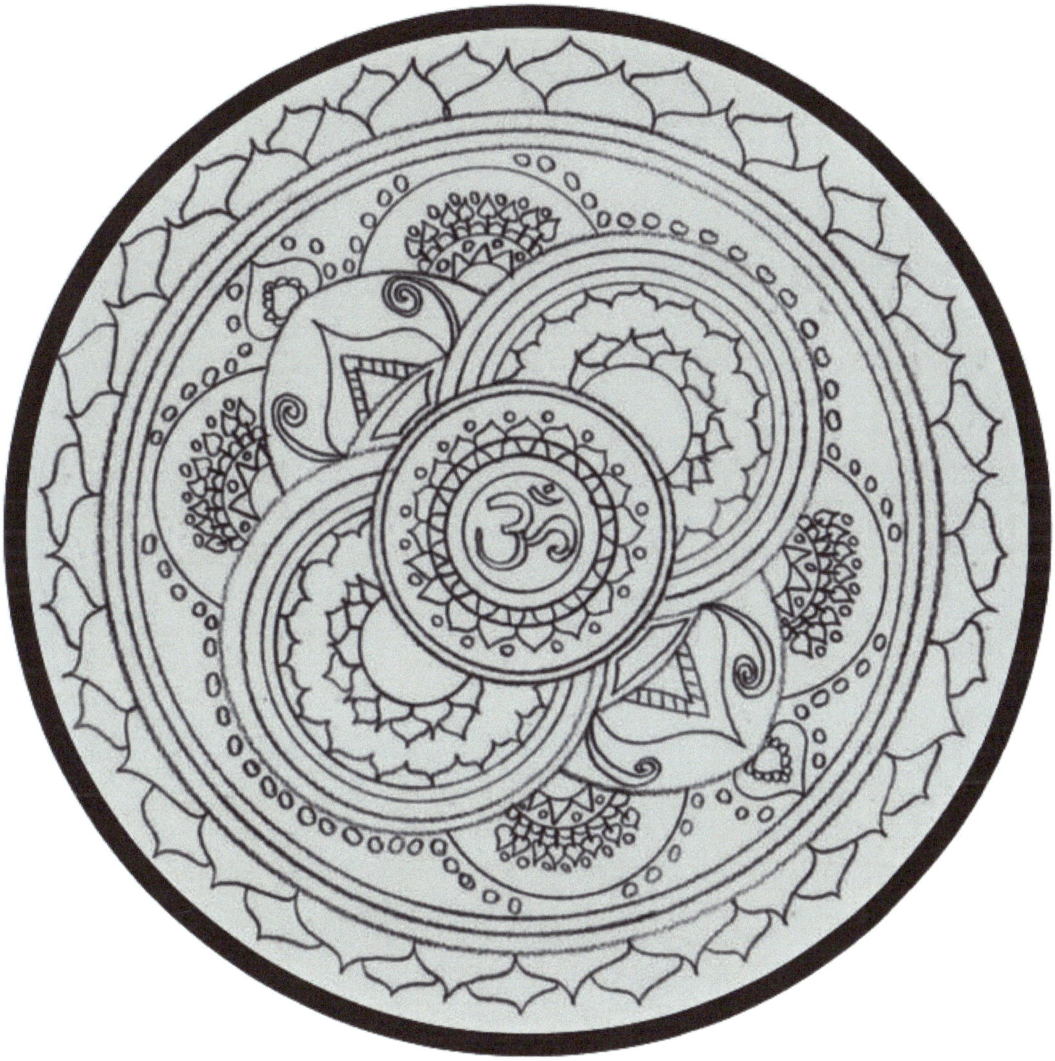

ISBN 979-10-96312-12-2 - Copyright 2017 – Tout droits réservé
Au fil des crayons Tiffany RENARD
Au fil des mots Brigitte CALISE

Ce n'est pas parce que tu connais
ta destination,

que tu dois emprunter le même
chemin.

Si tu connais un raccourci, rien ne
t'empêche de le prendre.

Rien ! Si ce n'est toi...

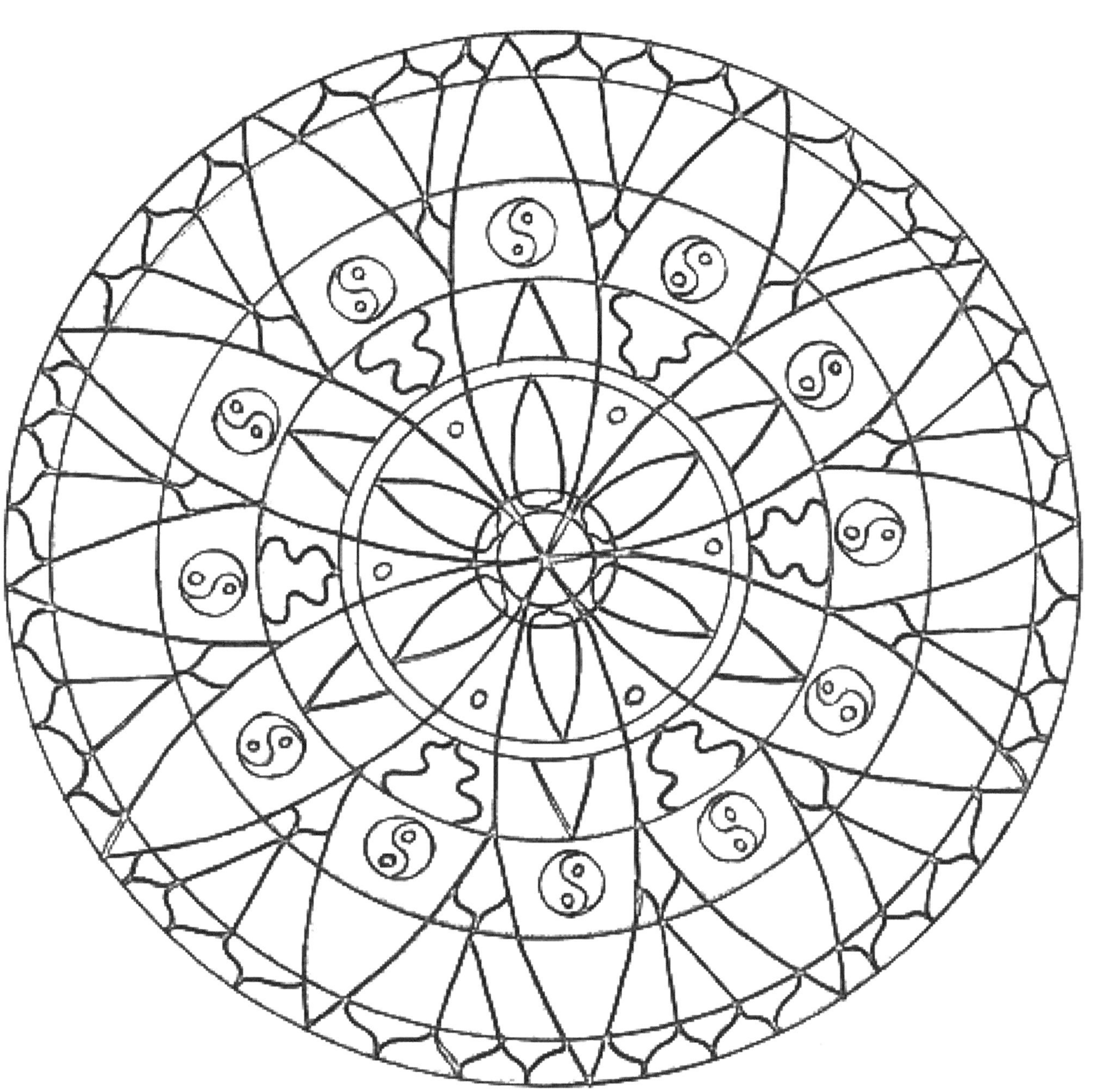

Et si, juste pour aujourd'hui,
tu considérais ta vie comme un
cadeau...

Et si, juste pour aujourd'hui,
tu considérais que tu n'as pas
besoin de courage pour te lever le
matin.

Et si juste pour aujourd'hui,
tu cherchais le détail qui fait toute
la différence dans ta vie.

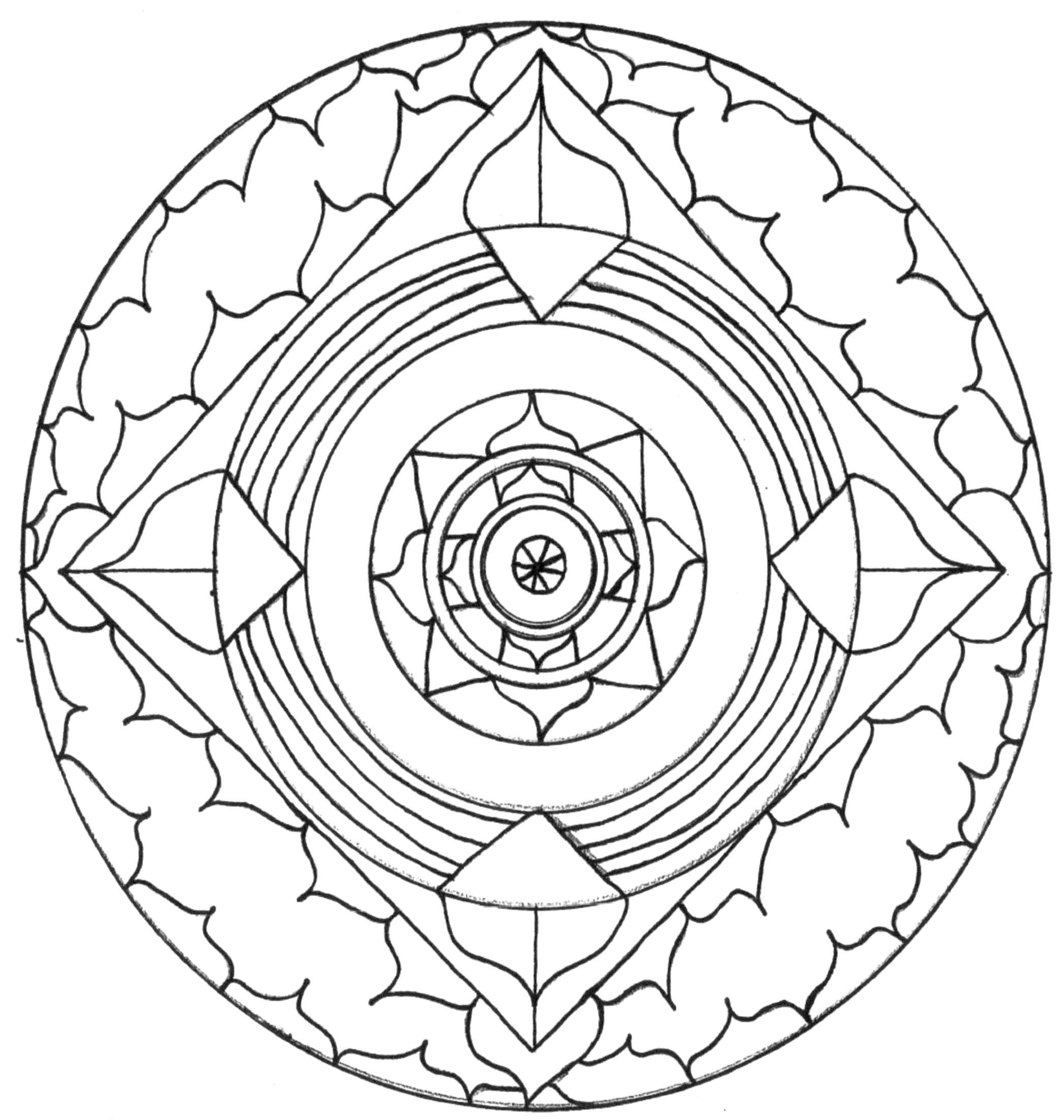

N'attend pas que le monde devienne
meilleur, deviens-le toi-même,
chaque jour, un peu plus.

N'attend pas que le monde agisse
pour réagir.

Réagis et le monde te suivra en
réagissant à son tour.

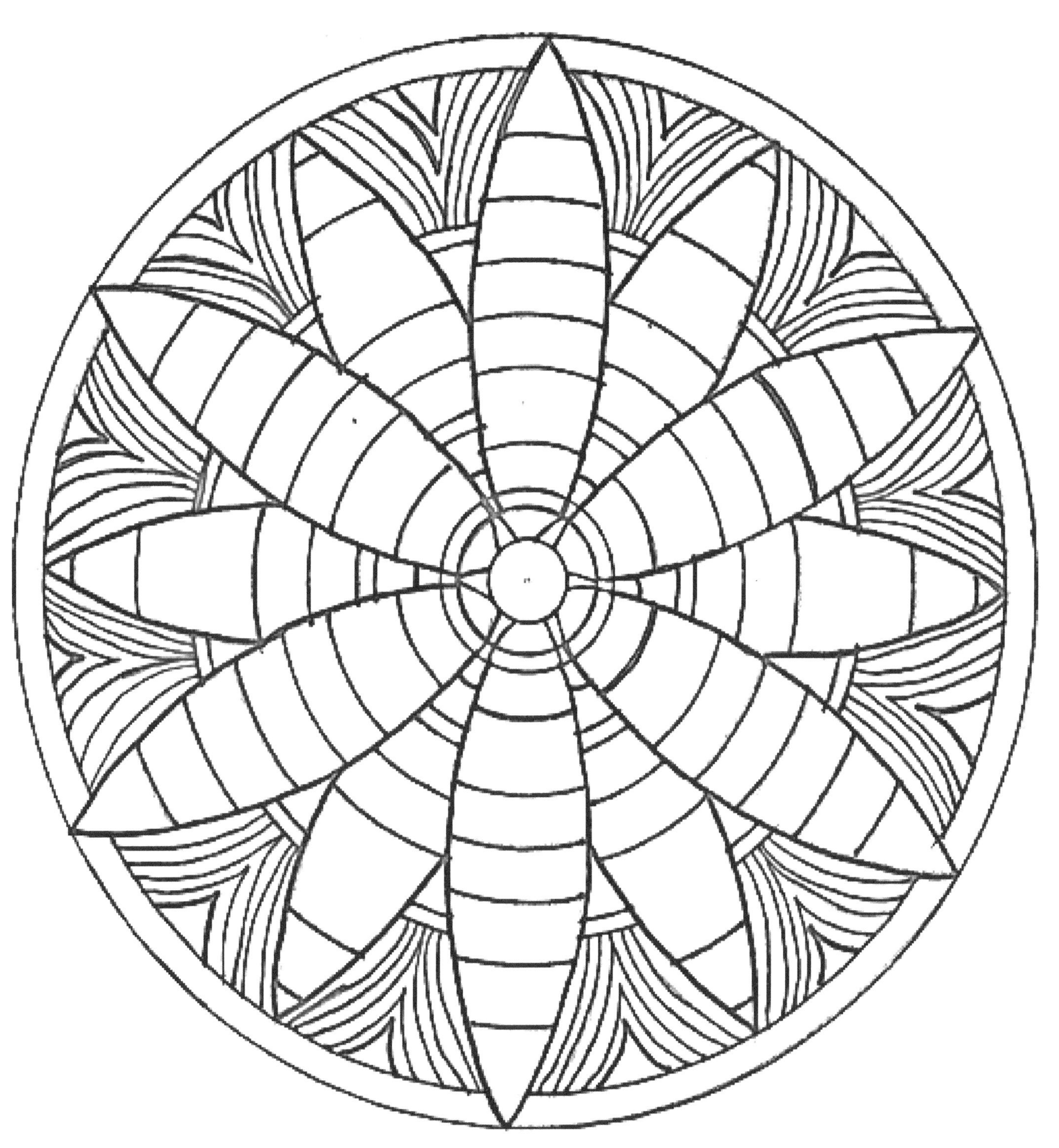

Tu es le seul maitre à bord !
Le seul qui puisse décider de donner
du pouvoir aux évenements de ta
journée.

Tu es également le seul, qui puisse
décider, qu'un événement de deux
minutes, dure une journée entière...

Choisis le disque que tu décides de faire
tourner...

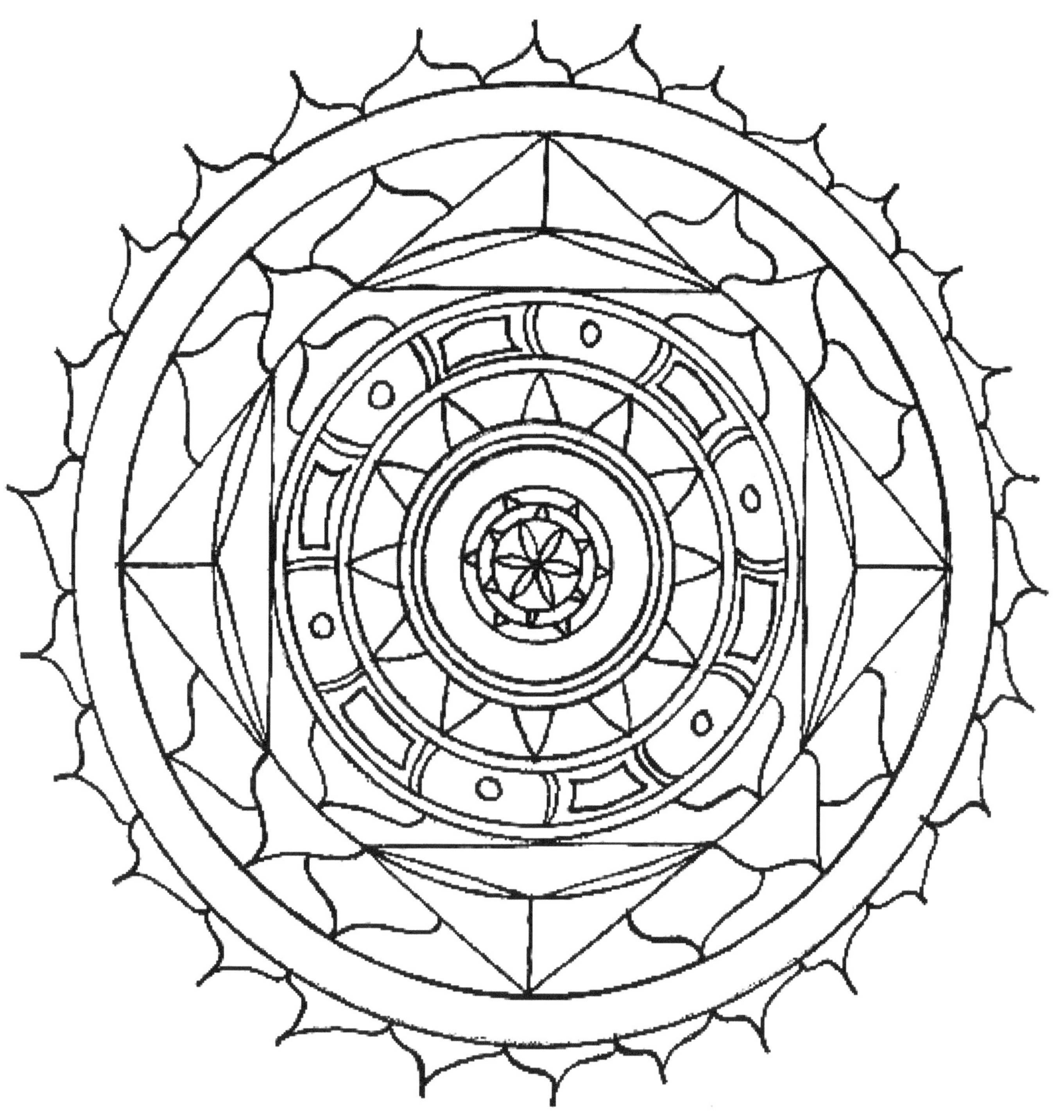

A partir d'aujourd'hui, deviens
un chercheur d'or.

Trouve ta pépite, ton don...
Quand tu l'auras trouvé, rend le
brillant,

amplifie le et partage le au monde.

Le monde a besoin de nos talents,
ne le prive pas du tien...

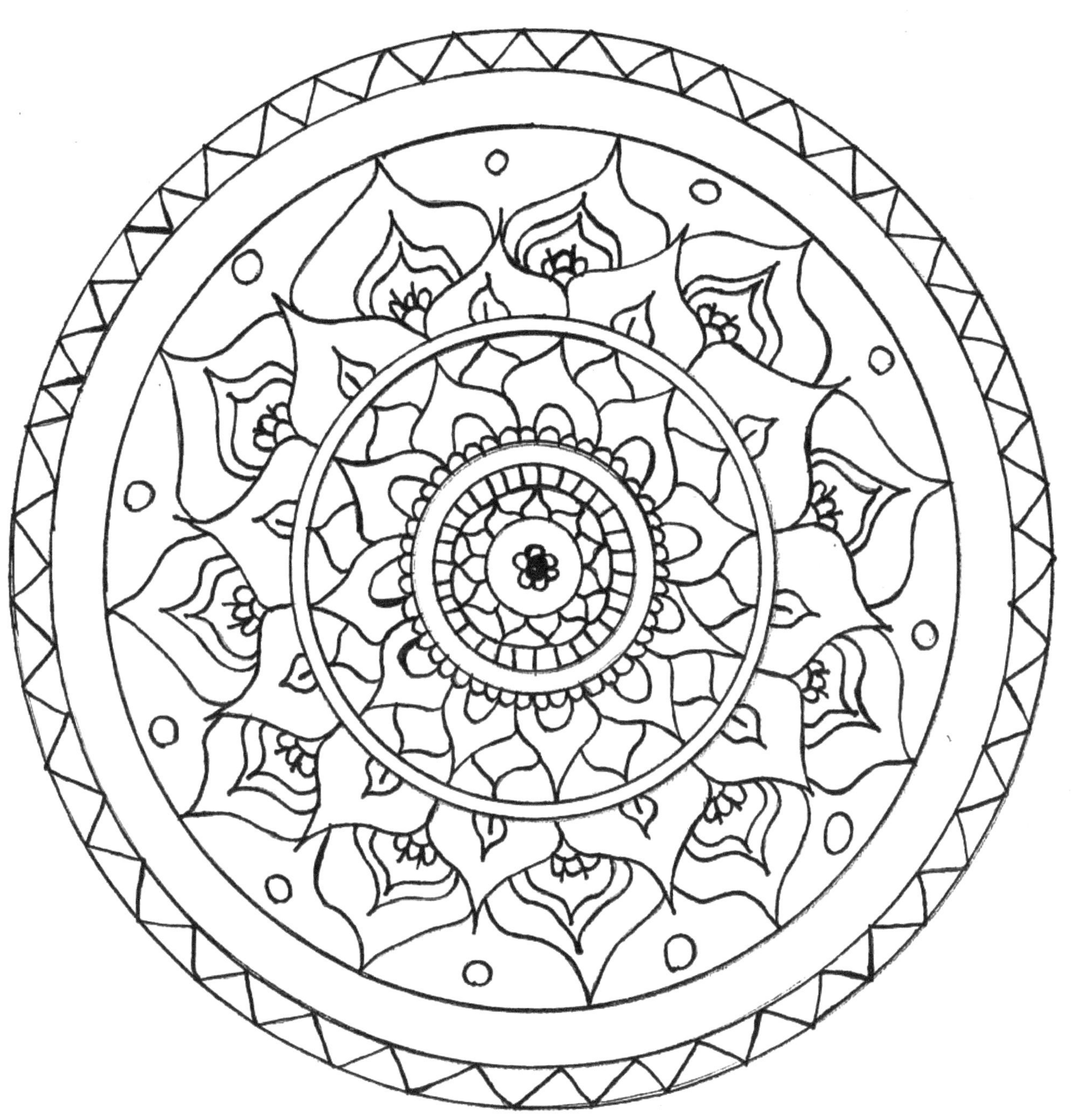

Cesse de considérer les autres
selon leur handicap ou leur maladie.

Cherche plutôt en toi,
ce qui est ton propre handicap !

Notre force ne se trouve pas
dans ce que nous avons, mais plutôt
dans ce que nous en faisons.

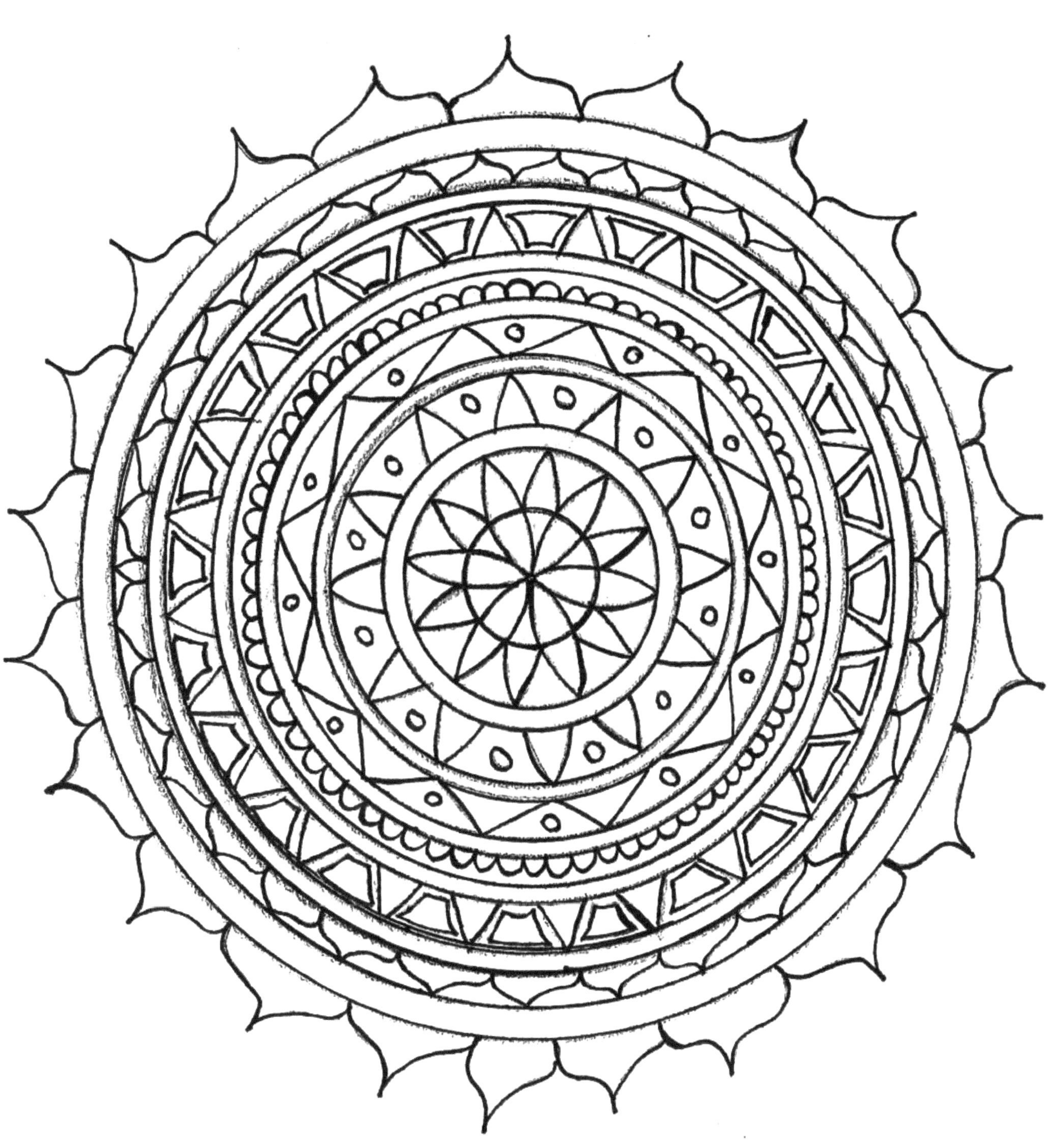

Offre ton sourire au monde,
il a une valeur inestimable pour celui
qui l'a perdu.

Il ravit les enfants et apaise leurs
parents.
Il soutient la maladie et réconforte
la tristesse.

Et tu verras, qu'à toi, il t'apportera
la chaleur de la bienveillance.

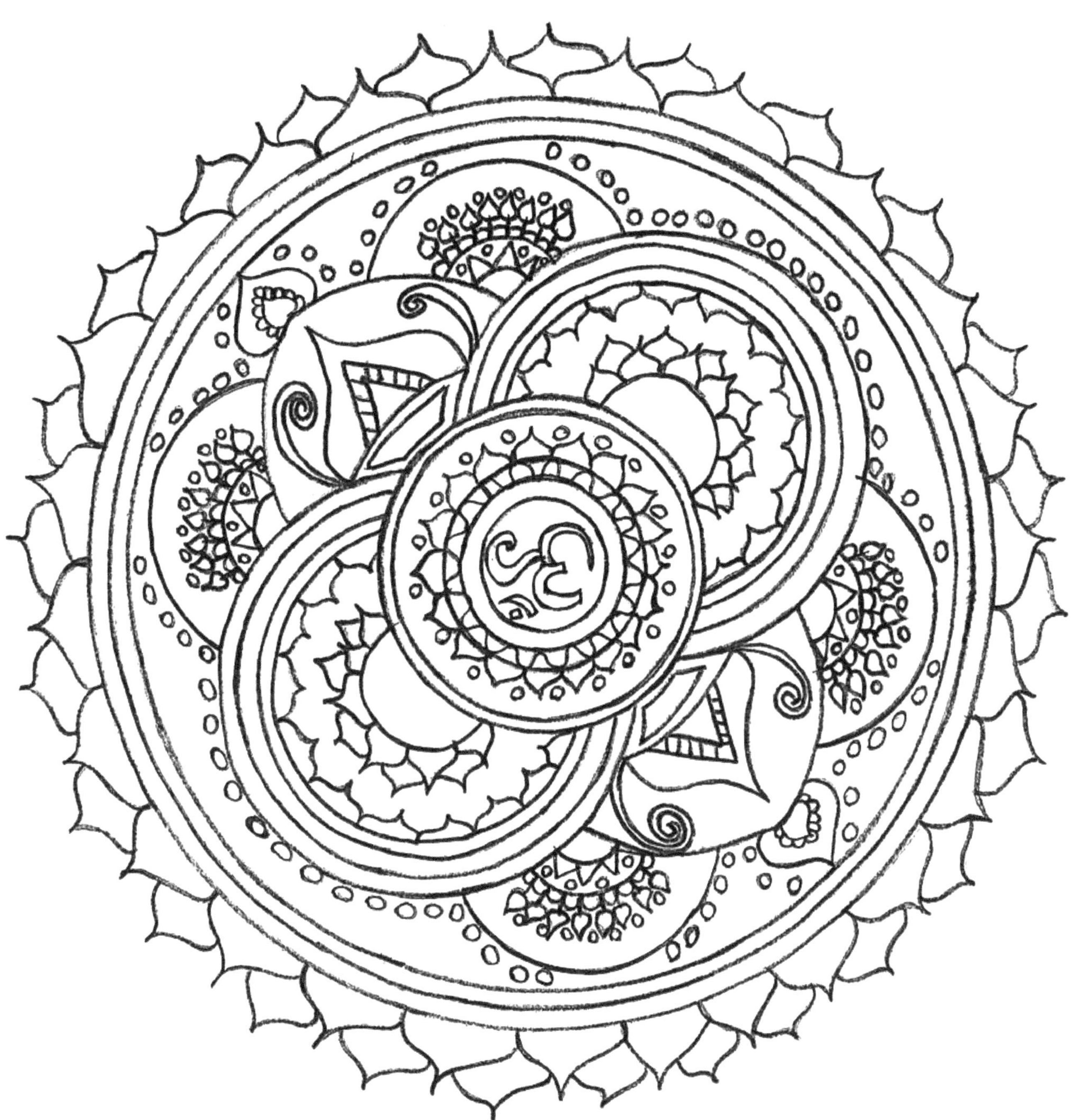

Juger, critiquer, se moquer...
Aux yeux de l'univers, nous avons
tous une place, tous un rôle.

Peut-être que celui que tu vois comme
gros doit développer son estime de lui,
apprendre à avancer, malgré ton
regard sur lui.

Peut-être que celui que tu considère
comme petit , doit apprendre à penser
plus grand...

Peut-être...
Peut-être tout simplement que tu
peux changer ton regard sur lui pour
t'interesser à ton regard sur toi.

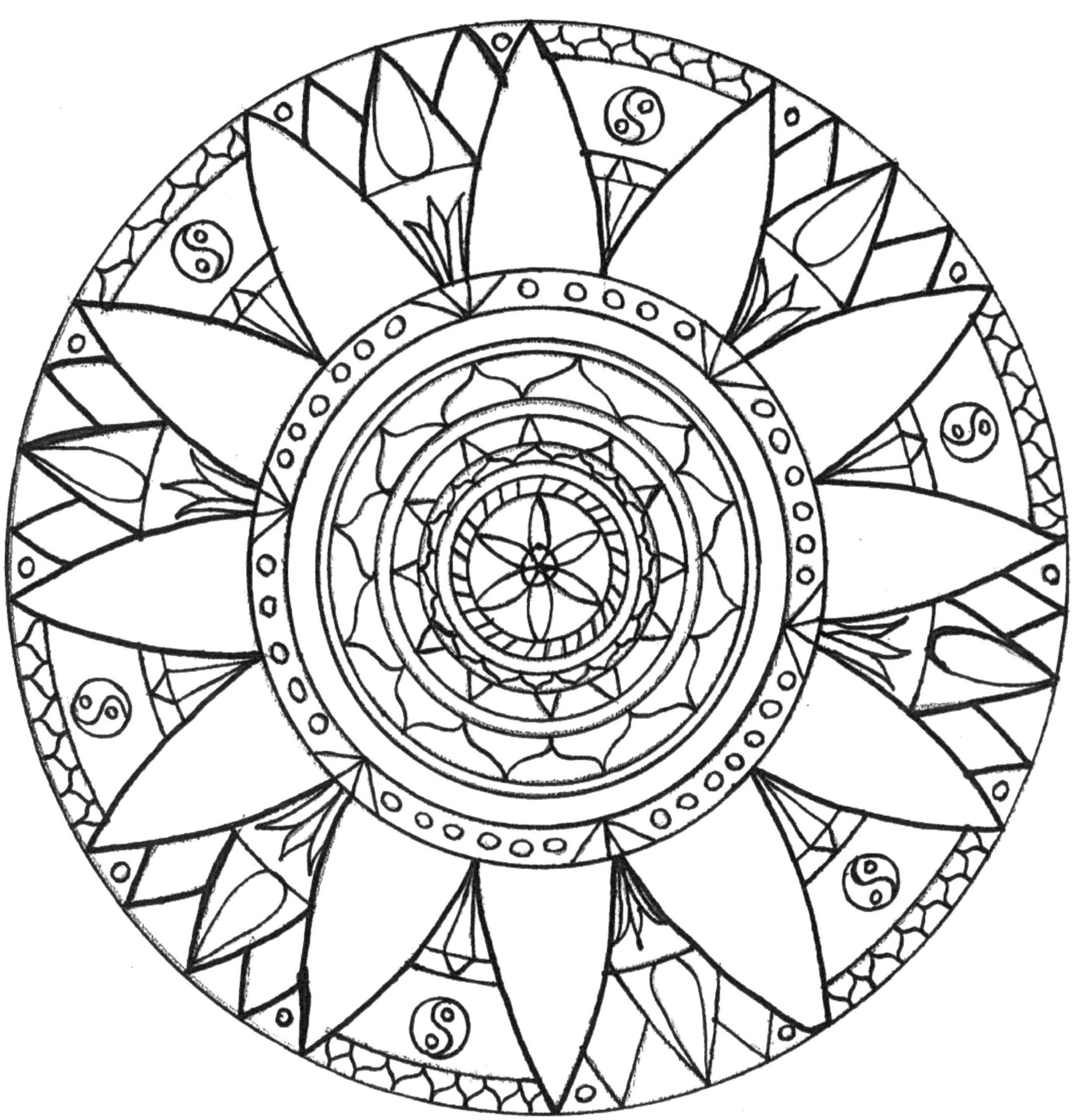

Célèbre ta vie !
Sois heureux comme si c'était
le jour de ton anniversaire.

N'attend pas un an pour ressentir
cette joie ultime.

Sois en quête, en permanence.

Cherche, encore et encore,
tu verras que tu finiras par trouver,
en toi la paix dont tu as besoin.

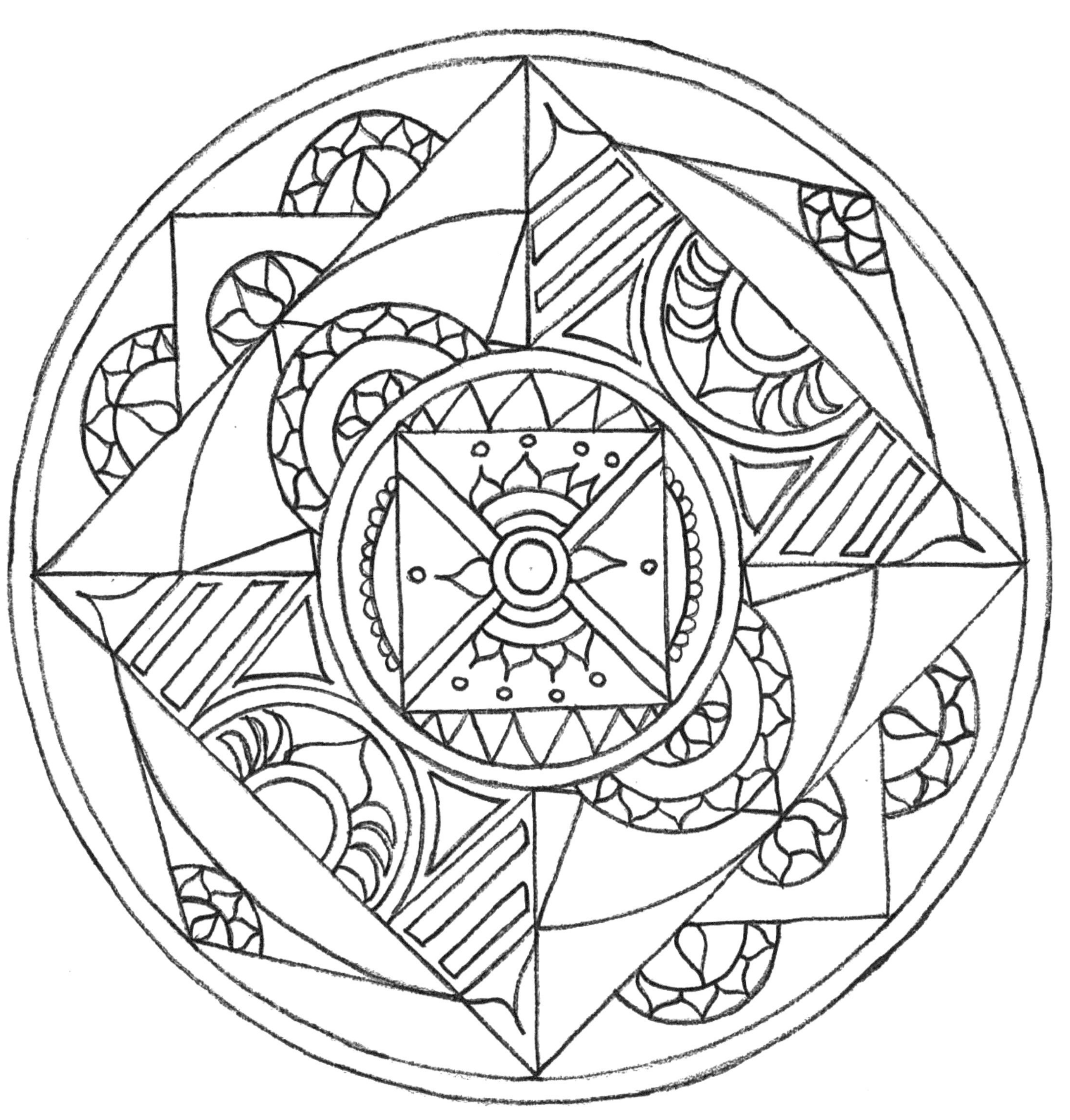

Garde toujours un cadre dans ta vie.

Autorise-toi à l'élargir et
éventuellement a en sortir, mais
n'oublie pas, dès que possible de le
remettre en place.

Trop strict, il t'enfermera,
trop large, il te dispersera, inexistant,
il te ralentira.

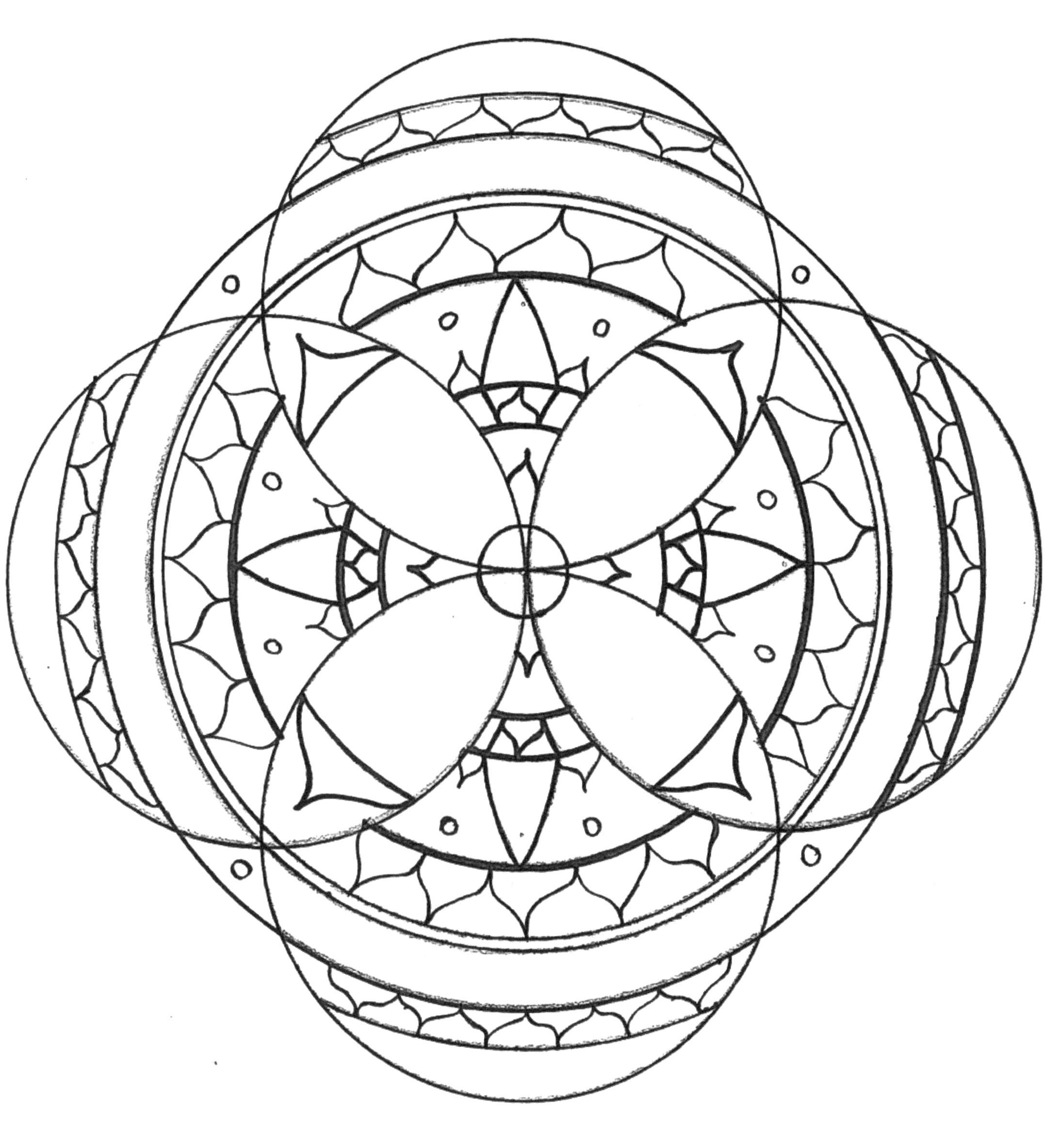

Le jour où tu prends conscience,
que tu es là pour vivre une expérience,
un jeu,

et que tu es responsable du choix
de ce que tu veux vivre,

alors les choses prennent tout leur sens,
et tu commences enfin, à vivre le
meilleur, dans chaque situation.

C'est à ce moment là que tu verras,
et que tu comprendras qu'autour de toi,
ton expérience s'améliore de jour en jour.

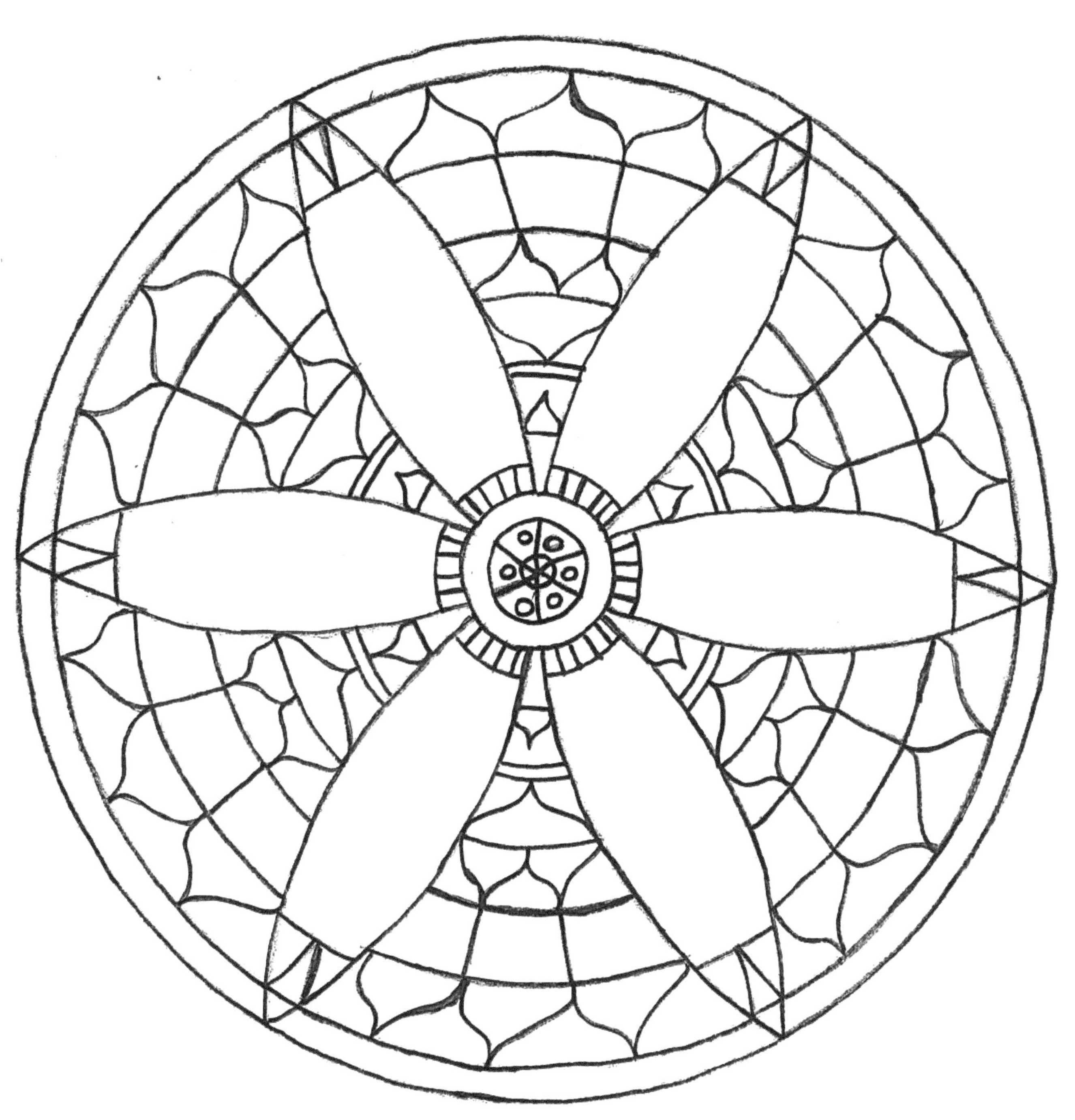

Mettre une veste chaque matin
Pour endosser un rôle qui n'est pas le
sien.

C'est ce que nous faisons la majorité
du temps...

Jusqu'au jour, ou nous acceptons
enfin la responsabilité de notre vie.

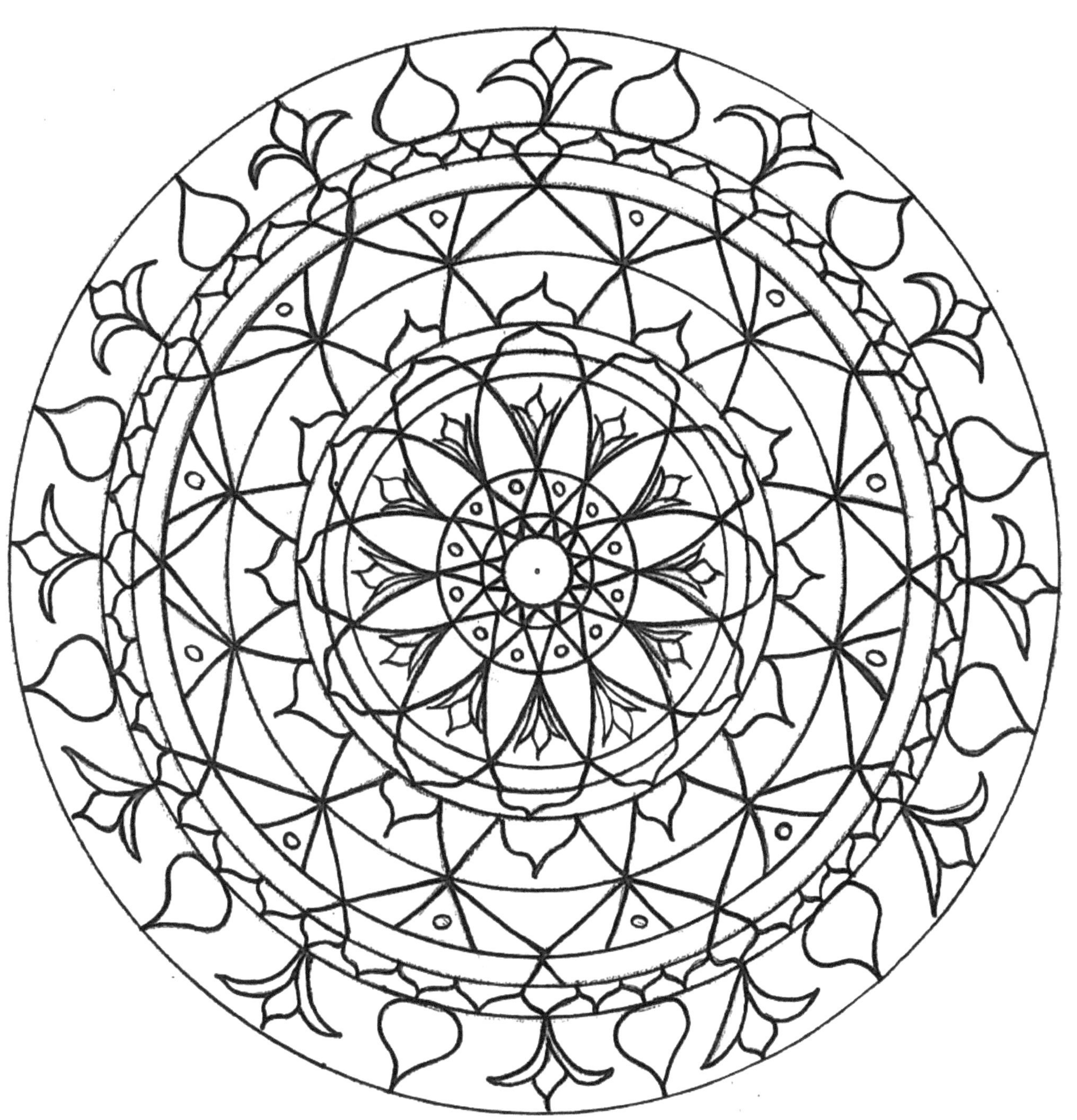

Quels risques prend-tu chaque jour
dans ta vie ?

Celui de te tromper ? Celui d'être blessé
et authentique ?

Celui de t'aimer ? D'aimer ?
Ou de te laisser aimer ?

Quels risques prend-tu chaque matin,
pour avancer pas après pas,
vers la vie que tu désires.

la vie qui te ressemble...

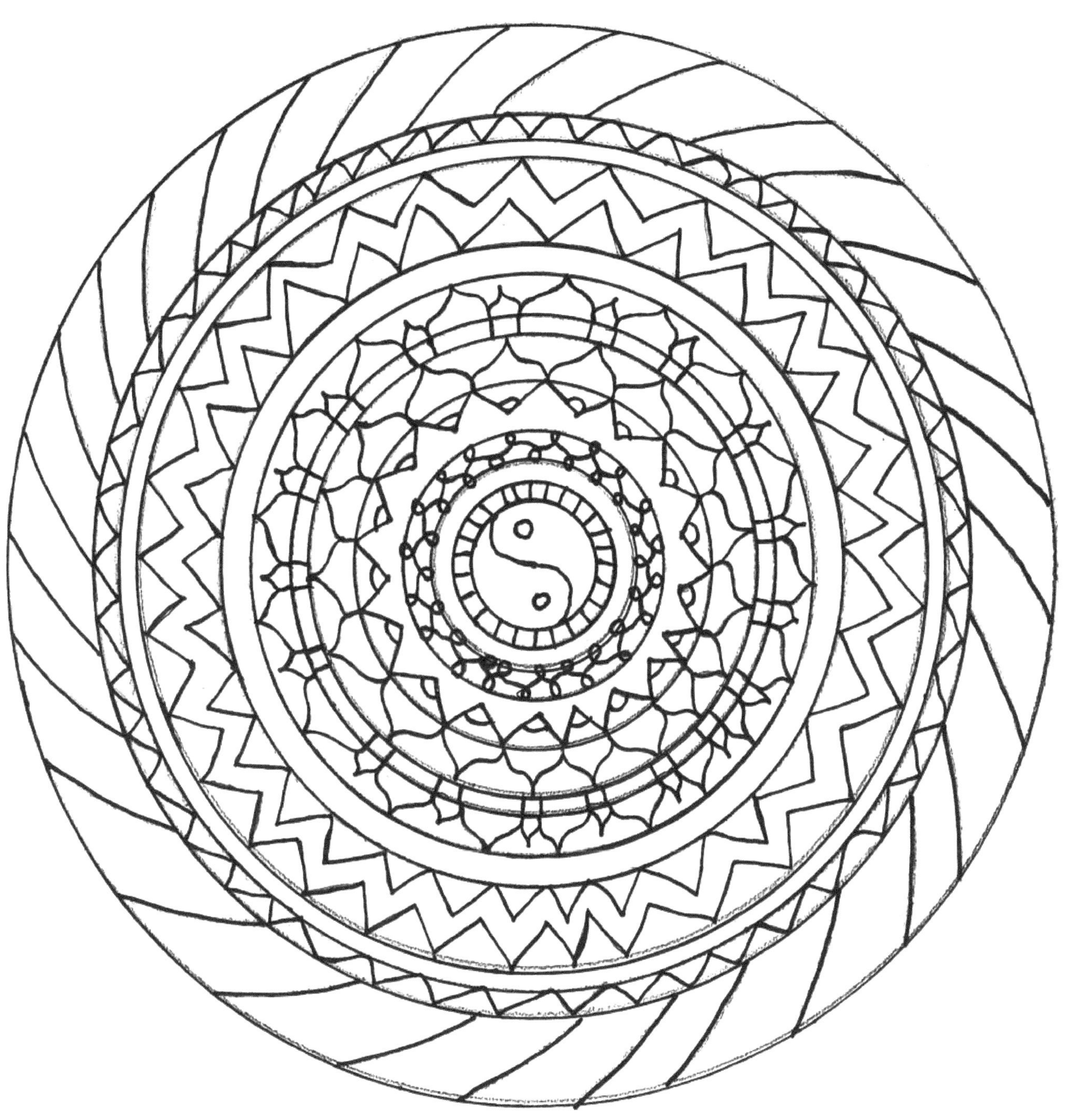

Rassures-toi,
ce n'est pas parce que tout le monde
va dans la même direction,
que celle-ci te correspond à toi.

L' introspection est la plus belle et la
plus douloureuse des aventures à vivre
avec soi-même.

Pourtant, elle seule te permettra de
trouver le chemin qui te correspond.

Celui qui te correspond à toi.

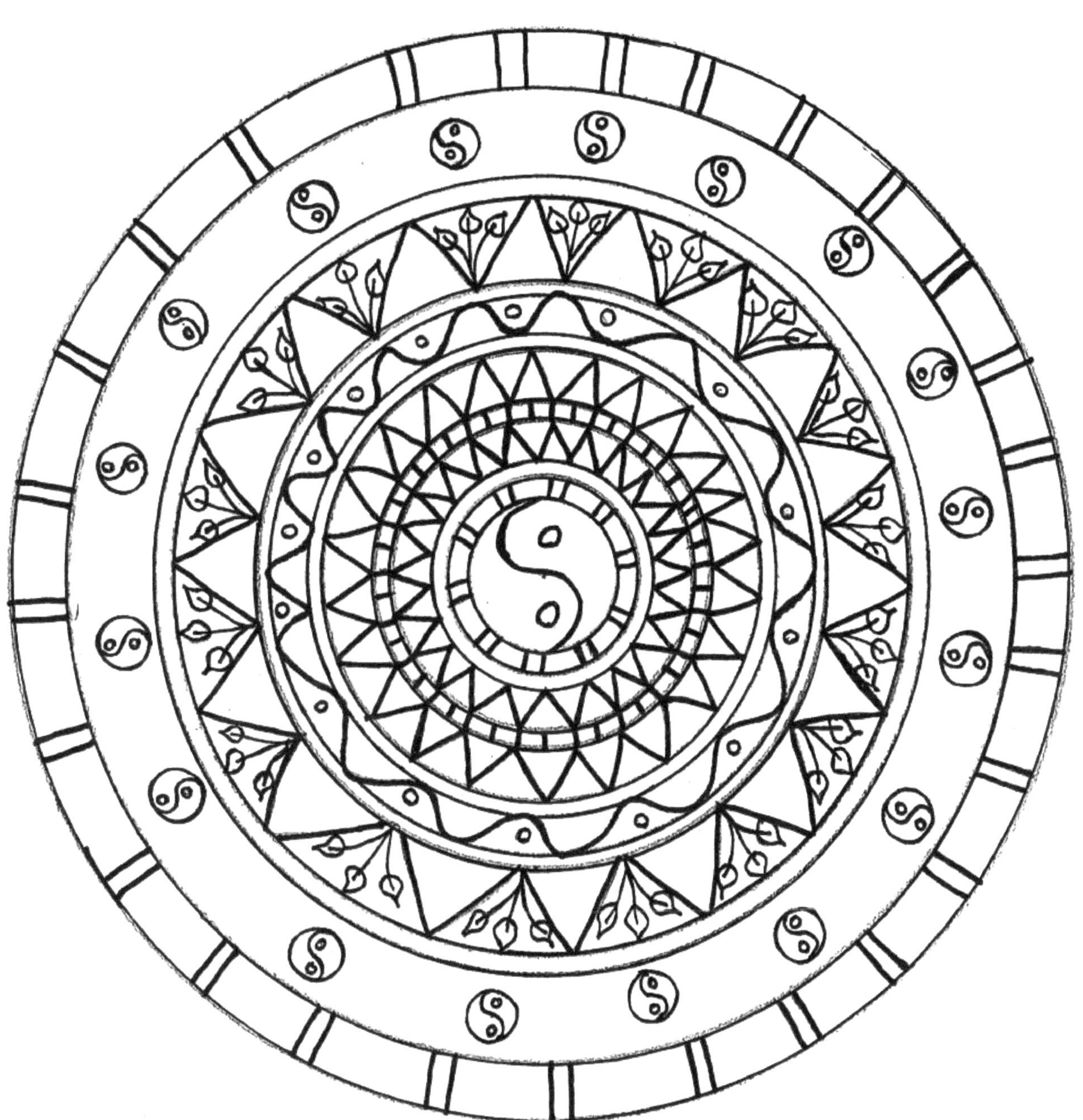

Ce qui est important pour toi,
maintenant,

c'est de trouver ce qui est important
pour toi...

Chaque matin, choisis l'orientation de
ta journée.

Bonne ou mauvaise, ce sera ta
décision, ta boussole et tu ajusteras au
fur et à mesure.

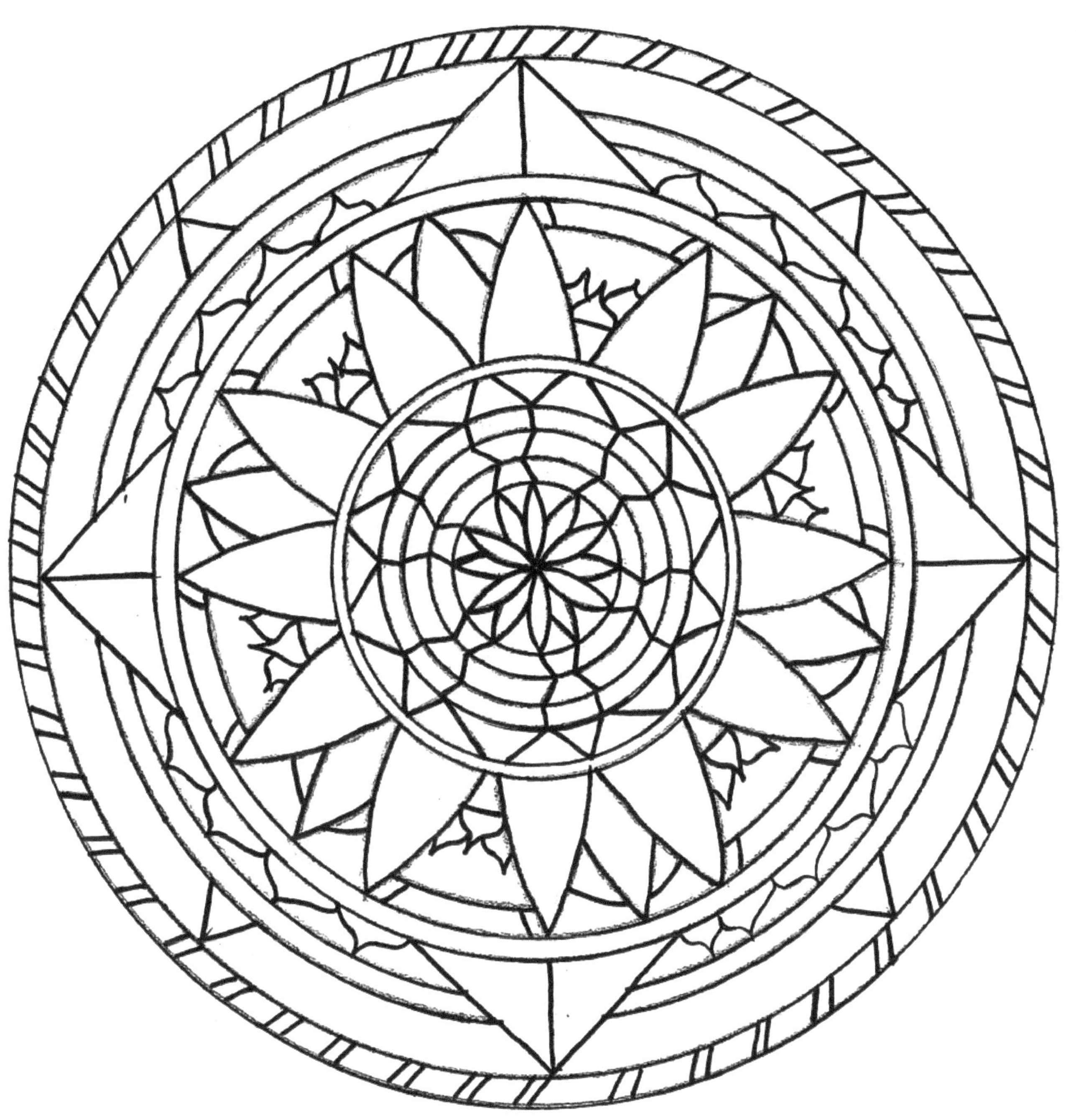

Rester neutre dans la tempête.
Retrouver notre calme dans le chaos.
Aimer, sans forcément comprendre ou
attendre...

Avancer, tomber, se relever, apprendre juste
pour le plaisir d'apprendre.
Rire, vivre, découvrir, et ceci, sans aucune
attente...

Donner et accepter de recevoir, recevoir et
accepter de donner.
Créer comme si nous n'avions aucune limites.

S'améliorer, chaque jour, un peu plus,
si chacun de nous, à notre échelle, posons
au moins l'intention de nous en rapprocher, ce
sera un grand pas vers un monde meilleur,
un grand pas pour l'humanité...

Un instant…
Un instant rien que pour toi…

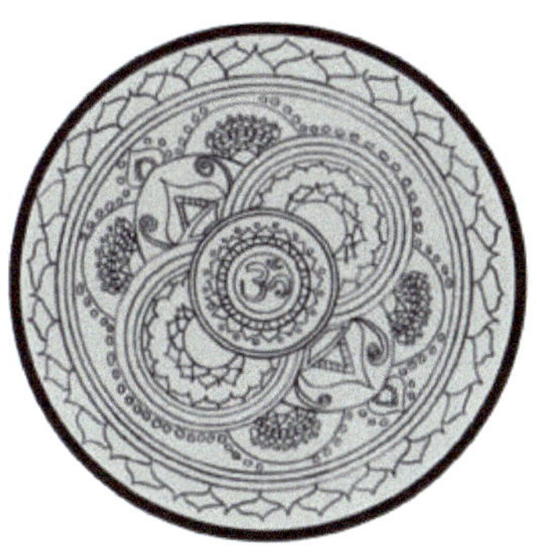

ISBN 979-10-96312-12-2 - **Copyright 2017 – Tout droits réservé**
Au fil des crayons Tiffany RENARD
Au fil des mots Brigitte CALISE

Retrouvez le fil d'actualité :

Tiffany Renard : **www.lescreationsdetiffany.com**
Brigitte Calise : **www.crenouille.com**